Mein Kind kommt in die Kita

HANDBUCH

für einen guten Kita-Start

© 2019 Petra Engelsmann

Herausgeber: ElternLeben.de
Buchsatz und Layout: Online-Buchsatz von tredition

Verlag & Druck: tredition GmbH, Halenreie 40-44, 22359 Hamburg

ISBN
Paperback: 978-3-7497-3535-8
Hardcover: 978-3-7497-3536-5
E-Book: 978-3-7497-3537-2

ÜBER ELTERNLEBEN.DE

ElternLeben.de ist ein digitales Angebot für alle Mütter und Väter. Die Online-Plattform begleitet Eltern in den verschiedenen Phasen von der Schwangerschaft bis zum Teenageralter ihrer Kinder. Sie bietet einen großen **Wissens-Bereich** („Elternwisssen"), der Artikel, Tipps, Interviews, Videos und vieles mehr verfügbar macht. Diese Inhalte werden von Experten aus unterschiedlichen Fachrichtungen verfasst. Hier fließt Expertise und Erfahrungswissen zusammen. In der **Online-Beratung** werden Eltern zu allen Eltern-Themen von Fachleuten schnell und professionell beraten. Der Bereich **Angebote vor Ort** verbindet Eltern mit lokalen Angeboten (Kurse, Beratung etc.) ganz in ihrer Nähe. Eine **Community** und der Aufbau des Bereichs **Häufig gestellte Elternfragen** runden das Gesamtangebot der Plattform ab. **www.elternleben.de** ist ein digitales Angebot der gemeinnützigen wellcome gGmbH mit Hauptsitz in Hamburg. Der Erlös der Handbücher kommt ausnahmslos der gemeinnützigen Arbeit zugute.

ÜBER DIE AUTORIN

Petra Engelsmann ist Expertin zu den Themen **Krippen- und Kita-Zeit**. Sie beantwortet Fragen in der Online-Beratung von ElternLeben.de und schreibt Artikel für den **Wissens-Bereich** („Elternwisssen"). Als langjährige Einrichtungsleitung von Kitas kennt sie den Tagesablauf von Krippe und Kita genauso wie die Bedürfnisse von Kindern in der Fremdbetreuung und die Wünsche und Ängste von Eltern. Als Mutter zweier Söhne ist ihr der Spagat zwischen Beruf und Familie vertraut. Sie möchte Eltern darin stärken, ihren individuellen familiären Weg zu gehen. Sie ist u.a. als Referentin für pädagogische Themen und Erziehungsfragen im Haus der Familie in Stuttgart, als Dozentin in der Ausbildung zur pädagogischen Fachkraft und als Beraterin in Stuttgart tätig.

MEIN KIND KOMMT IN DIE KITA!
FÜR EINEN GUTEN KITA-START

Inhaltsverzeichnis

EINLEITUNG

Liebe Eltern,

ein neuer Familienabschnitt beginnt!

„Eben war mein Kind doch noch so klein! Und jetzt soll ich es schon in die Kita geben?"

Für euch Eltern ist es ein bedeutender Schritt, wenn euer eigenes Kind in einer Krippe oder in einem Kindergarten betreut werden soll. Es wird euch vielleicht wehmütig ums Herz und auch schmerzlich bewusst, dass ihr nicht mehr selbst rund um die Uhr für euer Kind da sein werdet. Es beginnt ein neuer Abschnitt und ihr merkt, dass ihr als Eltern auf die wachsende Zeit außer Haus nur wenig Einfluss habt.

Es liegt in der Natur der Sache, dass auch ihr euch an diese neue Heraus-forderung gewöhnen müsst. Dafür ist es gut, viel über die „Kita-Welt" zu wissen, um besser vorbereitet zu sein. In unserem Buch erhaltet ihr viele Einblicke einer erfahrenen Kita-Leitung, damit der Start gelingt und diese prägende Phase für alle Beteiligten zu einer spannenden und freudigen Zeit wird. Das 1x1 der Kita Zeit" will euch in dieser Zeit begleiten, gibt Impulse und praktische Tipps für den Kita-Alltag. Fragestellungen zur eigenen Reflexion unterstützen euch in diesem spannenden Lebensabschnitt eurer jungen Familie.

Viel Freude beim Einstieg in die Kita-Zeit!

1. WELCHE KITA FÜR MEIN KIND?

WIE SUCHE ICH EINE KITA AUS?

Welche Kita für mein Kind? Wie suche ich eine Kita aus? Habe ich überhaupt Wahlmöglichkeiten? Dies ist für euch Eltern eine wichtige Frage, mit der es sich zu beschäftigen lohnt. Für viele von euch gibt es zwar nicht immer eine wirkliche Wahlfreiheit, da ihr einfach auf einen Krippen- oder Kitaplatz angewiesen seid, um wieder berufstätig sein zu können.

Dennoch lohnt es sich, mehrere Kitas anzuschauen und sich zu überlegen, welche Kita einem persönlich aus welchen Gründen zusagt. Macht euch vertraut mit dem pädagogischen Konzept der Einrichtungen. Seht euch den Tagesablauf an und stellt gezielt eure Fragen, die euch persönlich beschäftigen. Viele Kitas bieten in der Regel Besichtigungen an. Dies ist immer die einfachste Möglichkeit, eine Einrichtung von innen zu sehen und sich selbst ein Bild zu mache

Am besten sind diese Besichtigungen, wenn noch ein paar Kinder anwesend sind. So erlebt ihr die pädagogischen Fachkräfte in ihren Alltagssituationen. Ihr hört, wie mit den Kindern gesprochen wird und erlebt dadurch mehr. Wichtig ist auch, sich vorab zu überlegen, was einem selbst wichtig ist. Was möchte ich als Mutter oder Vater über die Einrichtung wissen?

FRAGEN KÖNNEN Z.B. SEIN:

- Wie verläuft eine Eingewöhnung?

- Kann mein Kind immer schlafen, wenn es müde ist?

- Wie und wann wird gewickelt?

- Was gibt es zu Essen – woher kommt das Essen?

- Gibt es feste Abholzeiten?

- Wie viele pädagogische Fachkräfte gibt es? Wann sind diese da?

- Wie sieht ein typischer Tages- oder Wochenablauf aus?

Die Liste der Fragen ist beliebig erweiterbar und sie dient nur zur Anregung, um sich mit der neuen Situation anzufreunden. Wie eine Eingewöhnung bestmöglich funktionieren sollte, wird in Kapitel 3 erklärt. Zu den aufgeführten Fragen darf jede Familie entscheiden, was ihr wichtig ist. Als Orientierungshilfe sei folgendes erwähnt: Ein Tag in der Kita ist wie ein Arbeitstag für ein Kind. Daher empfiehlt es sich:

- Kinder schlafenzulegen, wenn sie müde sind (besonders Krippenkinder!)

- Individuell nach den Bedürfnissen des Kindes zu wickeln – nicht nach Uhrzeiten

- Mahlzeiten mit mehreren Komponenten anzubieten und dem Kind eine Wahlmöglichkeit lassen

- Familienfreundliche flexible Abholzeiten (besonders in der Krippe) damit auch Familienzeiten genutzt werden können.

Für jedes Bundesland gibt es einen sogenannten Bildungs- und Orientierungsplan für Kitas. Dieser betrachtet das Kind als „Akteur seiner selbst", was bedeutet, dass die Bildung und Erziehung der Kinder immer vom Kind aus betrachtet werden sollten. Das Kind steht somit im Mittelpunkt. Dies bedeutet, dass die Kinder sich ihre Spielbereiche weitestgehend eigenständig aussuchen, ebenso wie ihre Spielpartner.

Kinder werden ihren Bedürfnissen entsprechend schlafengelegt und insbesondere Krippenkinder unter einem Jahr, können Zwischenmahlzeiten nach Bedarf erhalten. Die Einrichtungen orientieren sich in der Regel nach dem im jeweiligen Bundesland geltenden Bildungs- und Orientierungsplan. Wenn ihr über diese mehr wissen möchtet, könnt ihr bei Google „Bildungsplan

Kita" und das jeweilige Bundesland einfügen und ihr bekommt detaillierte Infos. Auch die Frage nach dem Personal- Betreuungsschlüssel ist nicht eindeutig zu beantworten. Je nach Bundesland können in einer Krippe für 10 Kinder bis zu 3 pädagogische Fachkräfte anwesend sein, wobei auch hier bedacht werden muss, dass die Mitarbeiter einer Ganztageseinrichtung meist in Schichtdiensten arbeiten. Manchmal wird das Stammpersonal noch von Praktikanten, die entweder ihr FSJ machen oder in der Ausbildung zur Erzieherin o.ä. sind, unterstützt.

Grundsätzlich sind dies ein Gewinn und eine Entlastung für das Stammpersonal. Kindergartenkinder ab 3 Jahren sind meist in Gruppen von bis zu 25 Kindern. Hier kommt es ebenfalls auf die Öffnungszeiten an. Daran misst sich der Personalschlüssel. Für bis zu 25 Kindergartenkinder sind es in einer Ganztagesbetreuung auch 3 oder sogar 4 pädagogische Fachkräfte. Da dies von Bundesland zu Bundesland unterschiedlich ist, empfehle ich euch, dies zu erfragen.

IMPULSE & TIPPS:

- Hört auf euer Bauchgefühl!

- Fühlt ihr euch persönlich wohl?

- Gefällt euch, was ihr seht wenn ihr durch die Einrichtung geht?

- Wie empfindet ihr den Umgangston mit den Kindern?

2. PÄDAGOGISCHE KONZEPTE

REGGIO-PÄDAGOGIK

WALDORF-PÄDAGOGIK

NATUR- UND WALDKITAS

PÄDAGOGIK NACH EMMI PIKLER

MONTESSORI-PÄDAGOGIK

Neben den „normalen" Kitas mit Krippe und Elementarbereich gibt es auch noch besondere pädagogische Richtungen oder mit Familienkonzept (keine Trennung nach Altersgruppen). Hierbei gilt es die Waldorf-Pädagogik, die Reggio-Pädagogik und auch Natur- und Waldkindergärten zu betrachten.

HIER EIN KLEINER EINBLICK IN DIVERSE PÄDAGOGISCHE RICHTUNGEN:

REGGIO-PÄDAGOGIK

ENTSTEHUNGSGESCHICHTE

- Benannt nach der norditalienischen Stadt Reggio Emilia
- Gründung der Kitas in der Nachkriegszeit, da viele Frauen sich ihren Lebensunterhalt für sich und ihre Kinder verdienen mussten
- Loris Malaguzzi (1920 - 1994) leitete zu Beginn das Koordinationsbüro, er gilt als Gründer der Reggio-Pädagogik

BILD VOM KIND

- Nach Reggio ist das Kind „Konstrukteur seiner Entwicklung und seines Wissens und Könnens"
- Jedes Kind ist einzigartig
- Das Kind ist von Geburt an neugierig
- Es möchte eigenständig forschen und sucht nach Antworten
- Dadurch erweitert das Kind in seinem eigenen Tempo seine Handlungsfähigkeiten
- Aufgrund der Vielfältigkeit, die Kinder mitbringen spricht Malaguzzi von den „100 Sprachen" des Kindes

GRUNDAUSSAGEN UND ZIELE

- Jedes Kind hat das Recht zur individuellen Entwicklung seiner Kompetenzen

- Unter Lernen wird in der Reggio-Pädagogik die Beteiligung der ganzen Person und eine intensive, interaktive Beziehung zwischen Individuum und (Um-)Welt verstanden

ROLLE DER PÄDAGOGISCHEN FACHKRAFT

- Pädagogische Fachkräfte sind in Reggio „Begleiter(innen) und Impuls- Geber(innen) für die kindliche Entwicklung"

- Ihre Aufgabe ist es, den Kindern den nötigen Rahmen zum eigenständigen Forschen zu geben

- Sie unterstützen die Kinder darin, Antworten auf ihre Fragen zu finden und neue Fragen zu stellen

- Die pädagogische Fachkraft ist im kontinuierlichen Dialog mit dem Kind

METHODEN, MATERIAL UND RÄUME

- Der Raum gilt als dritte Erzieher. Er bietet Geborgenheit und Herausforderung in einem

- Kinder wählen ihre Forscherthemen eigenständig, die zu kleinen Projekten werden

- Der Alltag ist von selbst gewählten Spiel- und Forschungshandlungen, sowie festen Ritualen wie beispielsweise: Morgenkreis, Mittagessen etc. geprägt

WALDORF-PÄDAGOGIK

ENTSTEHUNGSGESCHICHTE

- Entstanden aus der Gründung einer Betriebsschule der Waldorf-Astoria-Zigarettenfabrik

- Rudolf Steiner (1861 - 1925) entwickelte die anthroposophische Weltanschauung und die daraus resultierende Pädagogik – er leitete die oben genannte Betriebsschule

BILD VOM KIND

- In der Anthroposophie wird davon ausgegangen, dass der Mensch aus Körper, Geist und Seele besteht

- Alle ca. 7 Jahre entwickelt sich der Mensch weiter

- Das Kind beginnt in seinen ersten 7 Lebensjahren mit der Entwicklung des „physischen Leibes und der Sinne". Das Kind nimmt seine Umwelt insbesondere durch die Nachahmung auf

GRUNDAUSSAGEN UND ZIELE

- Der Erziehungs- und Bildungsbereich ist in den ersten 6 - 7 Jahren von den nachfolgendende Kompetenzbereichen geprägt:

- Körper und Bewegung

- Sinne und Wahrnehmung

- Sprache

- Fantasie und Kreativität

- Soziales Miteinander

- Motivation und Konzentration

- Ethische und moralische Werte

ROLLE DER PÄDAGOGISCHEN FACHKRAFT

- Die pädagogische Fachkraft versteht sich als Vorbildfunktion

- Sie hat eine optimistische Grundhaltung und ein hohes Maß an Einfühlungsvermögen

- Sie bereitet eine ästhetisch und anregende Umgebung für harmonische Sinneseindrücke

- Der Schwerpunkt liegt auf der Förderung von künstlerischer Gestaltung und rhythmischen Körperbewegungen

METHODEN, MATERIAL UND RÄUME

- In freundlichen, hellen Räumen werden für das kindliche Spiel meist Alltags- und Naturmaterialien angeboten

- Kindern wird sowohl das Freispiel, als auch Bewegungsangebote wie beispielsweise die Eurhythmie angeboten

- Puppenspiel, Malen und die Gestaltung eines Jahreszeitentisches ergänzen die Impulse für Kinder

NATUR- UND WALDKITAS

ENTSTEHUNGSGESCHICHTE

- Idee kam in Skandinavien in den 1950er Jahren auf

- Seit 1990er Jahren auch in Deutschland meist als Elterninitiative

BILD VOM KIND

- Das Kind begegnet der Natur mit allen Sinnen

- Kinder bewegen sich gern, forschen eigeninitiativ und sind gern in der Natur

GRUNDAUSSAGEN UND ZIELE

- Naturerfahrungen ohne vorgefertigtes Spielmaterial

- Verbundenheit zur Natur, jahreszeitlicher Rhythmus und Kennenlernen der ökologischen Zusammenhänge stehen im Vordergrund

- Stärkung der Sozial-Kompetenz

- Persönlichkeitsentfaltung – durch vielfältige Möglichkeiten die eigene Fantasie aktiv umsetzen

- Der strukturierte Tagesablauf gibt den Rahmen in der ansonsten freien Umgebung

ROLLE DER PÄDAGOGISCHEN FACHKRAFT

- Die pädagogische Fachkraft muss ihrerseits eine starke Naturverbundenheit mitbringen

- Sie verfügt über ein fundiertes Wissen über den Wald

- Sie kennt Gefahrenquellen

- Mit ihrer eigenen Neugierde regt sie Kinder zum Erforschen und Beobachten an

METHODEN, MATERIAL UND RÄUME

- Sämtliche Materialien, die im Wald zu finden sind

- Ergänzend werden Bastel- und Malutensilien angeboten

- Auch Bücher, Werkzeuge und Forschungsutensilien werden den Kindern zum Forschen und Entdecken angeboten

PÄDAGOGIK NACH EMMI PIKLER

ENTSTEHUNGSGESCHICHTE

- Die Kinderärztin Emmi Pikler leitete 1946 ein Säuglingsheim in Ungarn

- Sie wandte hier ihre Erkenntnisse der tragenden Bindung an und sowohl sie als auch die Pflegerinnen legten höchsten Wert auf eine tragende Bindung und Beziehung in der Pflege

- Befriedigung der individuellen Bedürfnisse der Kinder steht im Vordergrund

BILD VOM KIND

- Emmi Pikler sieht jeden Menschen von Anfang an als aktiven, selbständigen und teilnehmenden Menschen

- Jedes Kind hat sein eigenes Tempo bei seiner Entwicklung

- Es gilt dem Kind die Möglichkeit zur Entfaltung seiner individuellen Persönlichkeit zu geben

GRUNDAUSSAGEN UND ZIELE

- Durch das selbständige und selbsttätige Entdecken des eigenen Körpers und der Umwelt wird eine gute Grundlage für die gesamte Entwicklung des Kindes hergestellt

- Wichtig ist hierfür die kontinuierliche Beziehung zu einer festen und verlässlichen Bezugsperson

- Durch die Anerkennung seines individuellen Entwicklungstempos erfahren die Kinder die Stärkung ihres Selbstbewusstseins

- Das körperliche Wohlbefinden und die physische Gesundheit sind ebenfalls von großer Bedeutung

ROLLE DER PÄDAGOGISCHEN FACHKRAFT

- Die pädagogische Fachkraft bietet dem Kind eine verlässliche Beziehung an

- Ihre Haltung ist geprägt von Achtsamkeit und Respekt

- Sie nimmt die Rolle der Beobachterin und der Wegbegleiterin ein

- Sie vertraut der Entwicklung des Kindes und respektiert die individuellen Schritte in der Entwicklung des Kindes

- Sie fördert und unterstützt das Kind darin, eigenständig aktiv sein zu können

- Sie bereitet dazu die Umgebung für das Kind und seine Bedürfnisse vor

METHODEN, MATERIAL UND RÄUME

- Durch die beziehungsvolle Pflege erfährt das Kind ungeteilte Aufmerksamkeit durch die pädagogische Fachkraft

- Die motorische Entwicklung des Kindes wird stets gefördert

- Für die Kinder wird die Umgebung ansprechend und herausfordernd gestaltet

- Das Kind kann das Spiel zur Erforschung seiner Umwelt nutzen

MONTESSORI-PÄDAGOGIK

ENTSTEHUNGSGESCHICHTE

- Maria Montessori (1870 - 1952) entwickelte ein Förderprogramm für Kinder mit geistiger Behinderung

- Dieses setzte sie im 1907 eröffneten Kinderhaus erfolgreich um

- 1929 wurde die AMI = Association Montessori International gegründet

BILD VOM KIND

- Montessori geht davon aus, das das Kind seine Anlage zur Entwicklung in sich trägt

- Um diesen inneren Bauplan eigeninitiativ zu entfalten, bedarf das Kind Schutz und Hilfe

- Montessori geht davon aus, dass das Kind den Drang zum Lernen von Geburt aus hat

- Sie unterteilt die kindliche Entwicklung in die Altersspannen: 0-6 Jahre, 7-12 Jahre und 12-18 Jahre

GRUNDAUSSAGEN UND ZIELE

- Nach Montessori bedürfen die Kinder zur Entfaltung ihrer Persönlichkeit der Erziehung

- Es gibt zwei Grundprinzipien

- „Hilf mir, es selbst zu tun!" bedeutet, dass Kinder eigenständig in der Lage sind, sich zu bilden

- „Arbeit ist die konzentrierte Auseinandersetzung mit Gegenständen, Bewegung und deren Wiederholung."

- Montessori stellt die Entwicklung der Sinne vor die Entwicklung des Denkens

- Nach Montessori lernen Kinder durch die vertiefte Konzentration in eine Sache

ROLLE DER PÄDAGOGISCHEN FACHKRAFT

- Bei Maria Montessori ist die pädagogische Fachkraft Wächterin und Beobachterin der kindlichen Entwicklung

- Ihre primäre Aufgabe ist die vorbereitete Umgebung

- Ihr Handeln ist die Hilfe zur Selbsthilfe

- Auf der personellen Ebene bietet die pädagogische Fachkraft eine liebevolle Beziehung zum Kind an

- Auf der Sachebene bietet die pädagogische Fachkraft je nach Entwicklung des Kindes diverse Materialien an

METHODEN, MATERIAL UND RÄUME

- Eigens für die Montessori-Pädagogik entwickelten Lernmaterialien

- Diese sind den Entwicklungsphasen des Kindes angepasst

- Klare strukturierte Anordnungen helfen Kindern, sich passendes Material selbstständig zu wählen

IMPULSE & TIPPS:

- Diese Darstellung pädagogischer Konzepte erhebt keinen Anspruch auf Vollständigkeit.

- Die einzelnen pädagogischen Schwerpunkte sollen lediglich einen Eindruck verschiedener pädagogischer Konzepte vermitteln.

- Wenn du eine Kita mit einem bestimmten Konzept für dein Kind suchst, kannst du:

  o vorher auf den Websites der Kitas recherchieren, ob das Konzept genannt wird

  o oder in der Kita danach fragen

  o oder mit befreundeten Eltern sprechen, deren Kinder in einer deiner „Wunschkitas" sind.

  o Die Auswahl an Kitas, mit den beschriebenen Konzepten, ist bundesweit gesehen unterschiedlich groß. In der Stadt gibt es unterschiedlichere Angebote als in ländlichen Regionen, sodass du vielleicht einen Kompromiss beim Konzept in Kauf nehmen musst.

  o Unabhängig der pädagogischen Ausrichtung ist es in den meisten Einrichtungen mittlerweile üblich, sich Zeit für die Eingewöhnung zu nehmen.

3. EINGEWÖHNUNG

BERLINER EINGEWÖHNUNGSMODELL

MÜNCHNER EINGEWÖHNUNGSMODELL

EINGEWÖHNUNG IM ALLGEMEINEN

Willkommen in der Kita! Mit einer Eingewöhnung beginnt der Beziehungsaufbau zu euch und eurem Kind. In der Regel hat eine sogenannte Bezugserzieherin in diesen Momenten ausgiebig Zeit nur für euch und euer Kind. Eure Anwesenheit hilft eurem Kind, sich in der neuen Umgebung wohl und sicher zu fühlen. In den ersten Tagen seid ihr als Mutter oder Vater der sichere Hafen für euer Kind.

Die bekanntesten Eingewöhnungsmodelle sind das „Berliner Eingewöhnungs-modell" und das „Münchner Eingewöhnungs-modell". Oftmals werden diese Eingewöhnungsmodelle als Orientierung verstanden, so dass in der Praxis keine exakte Einhaltung von Vorgaben gelebt wird, sondern in „Anlehnung an" gearbeitet wird. Zum besseren Verständnis der Modelle hier eine kleine Einführung. Anschließend ein paar Tipps und Impulse für eure ganz persönliche Eingewöhnung.

BERLINER EINGEWÖHNUNGSMODELL

FRÜHZEITIGE INFORMATION DER ELTERN

Die Eingewöhnung beginnt mit einem Vorgespräch, indem die Eltern über den Ablauf der Eingewöhnung informiert werden. Die Eltern informieren ihrerseits die pädagogische Fachkraft über die Vorlieben beim Spielen, Essen, Schlafen etc. des Kindes und über seinen aktuellen Entwicklungsstand.

DREITÄGIGE GRUNDPHASE

Nun beginnt die eigentliche Eingewöhnung mit dem Besuch der Tageseinrichtung. Hierbei sollten möglichst immer dieselbe Uhrzeit und derselbe Raum gewählt werden, so dass sich das Kind nach und nach im Raum orientieren kann. Die Rolle der häuslichen Bezugsperson (Vater oder Mutter) ist die des Beobachters und des „sicheren Hafens". Von einem festen Platz aus beobachtet das Elternteil die Aktionen des Kindes und ist

„sicherer Hafen" für das Kind, wenn es die Bezugsperson benötigt. Die pädagogische Fachkraft geht vorsichtig auf das Kind zu und versucht einen ersten Kontakt herzustellen. Bei pflegerischen Tätigkeiten wie zum Beispiel dem Wickeln, ist die pädagogische Fachkraft Beobachterin.

Diese Sequenzen sollten drei Tage aufeinander folgen und eine zeitliche Begrenzung von maximal 2 Stunden nicht überschreiten. Hierbei gilt: je jünger das Kind, umso kürzer die ersten Kita-Besuche. Am Ende des dritten Besuchstages wird das Elternteil darauf aufmerksam gemacht, dass am kommenden Tag ein erster Trennungsversuch gestartet wird.

ERSTER TRENNUNGSVERSUCH

Der vierte Tag verläuft zunächst wie die bisherigen Tage. In der Regel wird die Mutter/ der Vater auf eine Trennung vorbereitet. Hierbei ist es wichtig, sich bewusst vom Kind zu verabschieden. Je nach Reaktion des Kindes kann eine erste Trennung nur wenige Minuten betragen oder bereits bis zu 30 Minuten lang sein. Es ist Aufgabe der pädagogischen Fachkraft, die Reaktion des Kindes gut zu deuten. Nur wenn das Kind sich gut von der pädagogischen Fachkraft trösten und ablenken lässt, ist eine Trennung von bis zu 30 Minuten sinnvoll. Während der ersten Trennungsversuche ist ein Elternteil in der Einrichtung anwesend, jedoch nicht im Gruppenraum.

STABILISIERUNGSPHASE

Die Fachkraft übernimmt zunehmend die Pflege des Kindes, zunächst im Beisein der häuslichen Bezugsperson. Die pädagogische Fachkraft bietet sich intensiver als Spielpartnerin an und die Trennungszeiten werden langsam verlängert. Hierbei ist es notwendig auf die Bedürfnisse und Signale des Kindes zu achten, um eine Trennungsphase nicht zu lang zu gestalten. Das Kind nimmt in der Stabilisierungsphase an immer mehr Ritualen des Tagesablaufes in der Kita teil. Bei sicher gebundenen Kindern sollte ein erster Schlafversuch erst am neunten Tag in der Kita erfolgen. Sofern sich das Kind am zehnten Tag von der Fachkraft trösten und ablenken lässt, gilt der elfte Tag als Stabilisierungstag. Jetzt gilt die Eingewöhnung als abgeschlossen. Das Elternteil kann nun nach dem Abgeben des Kindes am Morgen die Einrichtung verlassen. Für Notfälle bleibt sie jederzeit erreichbar.

SCHLUSSPHASE

Die Schlussphase tritt ein, wenn das Kind die Bezugserzieherin als sichere Vertrauensperson angenommen hat und zwischen beiden eine gute Bindung entstanden ist. Das Kind ist nun für mehrere Stunden in der Einrichtung und beginnt, sich in die Gruppe einzufinden. In manchen Situationen kann die Bindung zwischen Fachkraft und Kind nicht ausreichend stabil sein. Hier ist es dann erforderlich, zum Wohl des Kindes die Eltern zu kontaktieren. Das stärkt sowohl die Bindung zwischen Kind und Fachkraft als auch zwischen Familie und Fachkraft.

ABSCHLUSS DER EINGEWÖHNUNG

Endgültig abgeschlossen ist die Eingewöhnung, wenn das Kind gerne in die Kita kommt und sich aktiv am Gruppenprozess beteiligt. Das Kind kennt sich im Haus aus und es kennt die Regeln und Abläufe der Kita.

Um die Eingewöhnung nach dem Berliner Eingewöhnungsmodell optimal gestalten zu können, ist es notwendig, die Eltern des Kindes intensiv über den Ablauf der einzelnen Schritte und Gegebenheiten in der Kita zu informieren. Für das Kind könnte ein sogenanntes Übergangsobjekt - zum Beispiel ein Stofftier, ein Kuscheltuch. o.ä.- die Eingewöhnung erleichtern. Manchen Kindern hilft auch ein kleines Fotoalbum - gern auch ICH-Buch genannt, mit Fotos von Eltern, Geschwistern oder anderen vertrauten Menschen.

MÜNCHNER EINGEWÖHNUNGSMODELL

Aufbauend auf der Grundlage, den Mensch von Geburt an als kompetent zu verstehen – der „kompetente Säugling", wird beim Münchner Eingewöhnungs-konzept ein Augenmerk auf komplexe Veränderungsprozesse in der Entwicklung des Menschen gelegt. Dies führt dazu, dass das Münchner Eingewöhnungs-modell immer die gesamte Familie einbezieht: Mutter, Vater und Kind. Es sieht in der Eingewöhnung eine Übergangsphase für die ganze Familie und den Beginn einer echten Erziehungs- und Bildungspartnerschaft zum Wohle des Kindes. Aus diesen Grundhaltungen ergeben sich folgende Ziele der Eingewöhnung nach dem Münchner Eingewöhnungsmodell:

- Alle von der Eingewöhnung betroffenen Personen gestalten die Zeit aktiv mit

- Das Kind lernt mit seinen Eltern die Einrichtung und deren Abläufe kennen

- Eine Trennung erfolgt erst dann, wenn die Einrichtung für das Kind nicht mehr fremd ist

- Die Eingewöhnungszeit wird als Bildungszeit verstanden

Der Ablauf der Eingewöhnung nach dem Münchner Eingewöhnungskonzept verläuft in fünf Phasen:

VORBEREITUNGSPHASE

Mit einem Vorgespräch, indem Eltern und pädagogische Fachkraft sich kennenlernen, beginnt der vorbereitenden Teil der Eingewöhnung. Es findet ein Dialog über gegenseitige Erwartungen und Informationen statt. Eltern und Fachkraft befinden sich von Anfang an in einem Dialog zu pädagogischen und entwicklungsspezifischen Themen. Hierdurch wird die pädagogische Fachkraft zur verlässlichen Ansprechpartnerin.

KENNENLERNPHASE

Die Kennenlernphase dauert ungefähr eine Woche, in der ein Elternteil mit dem Kind die Einrichtung besucht. Gemeinsam sind sie für einige Stunden in der zukünftigen Gruppe anwesend. Das Kind und das Elternteil lernen den Alltag in der Kita kennen. In aufeinander folgende Tage kann das Kind mit seinem Elternteil Abläufe wiederholt sehen und ganz langsam wiedererkennen. Das Kind kann sich an den Ritualen der Gruppe beteiligen, wird jedoch nicht dazu gezwungen. So wird der natürliche Neugier- und Erkundungsdrang des Kindes unterstützt. Die Anwesenheit des Elternteils gibt dem Kind die nötige Sicherheit und das Signal „Es ist ok, wenn du dich frei bewegst, Kind!".

Ein weiterer Aspekt des Kennenlernens besteht darin, dass die „alten" Kinder dem „neuen" Kind und seiner Familie zeigen, wie die Interaktion zwischen Kindern und pädagogischen Fachkräften wirklich aussieht. Eltern und Kind erleben sehr intensiv, wie ein Tag in der Kita aussieht. Die pflegerischen Tätigkeiten, wie Wickeln und Füttern übernehmen in dieser Woche die Eltern. Die begleitenden Gespräche mit der pädagogischen Fachkraft unterstützen und prägen die Weiterentwicklung der Erziehungs- und Bildungspartnerschaft zwischen Eltern und Kita.

SICHERHEITSPHASE

In der zweiten Woche schließt sich dann die Sicherheitsphase an. Hier bleiben die Eltern immer noch gemeinsam mit dem Kind in der Einrichtung. Die pädagogische Fachkraft hat in der ersten Woche durch ihre Beobachtungen das Kind näher kennen gelernt. Sie weiß nun, wie das Kind auf welche Situationen reagiert und wann es hungrig oder müde wird. Sie beginnt nun aktiv auf das Kind zuzugehen. Sie bietet sich ihm als Spielpartnerin an und übernimmt nun die pflegerischen Tätigkeiten. Nun sind die Eltern verstärkt in der Beobachterrolle. Dies hilft ihnen, zu verstehen, wie die Abläufe und die Interaktionen in der Kita gestaltet sind. Auch in dieser Phase sind intensive Gespräche zwischen der Fachkraft und den Eltern hilfreich und notwendig, um die Arbeit der Einrichtung transparent und nachvollziehbar zu machen.

VERTRAUENSPHASE

Das Kind spürt nun, dass die gesetzten Regeln und Grenzen dem Zusammenleben der Kindergruppe nutzen und nicht willkürlich angebracht sind. Es lernt in den anwesenden neuen Personen zu vertrauen und aufgrund des Vertrauens in die Einrichtung, kann das Kind nun seine Eltern loslassen. Die Eltern wiederum haben ihr Vertrauen in die Einrichtung ebenfalls gefestigt und können nun ihr Kind beruhigt für einige Zeit alleine in der Kita spielen lassen. Erst in dieser Phase zu Beginn der dritten Woche findet eine erste Trennung statt. Hierbei ist es wichtig, dass sich die Eltern bewusst vom Kind verabschieden. Ein Garant für einen tränenfreien Abschied ist auch das Münchner Eingewöhnungsmodell nicht. Wichtig ist es, die Trennung zuvor zu besprechen und zu begründen, warum die Eltern sich nun von ihrem Kind trennen können. Die Intension der Erklärung kann auch das Kind nachvollziehen, auch wenn es von den eigentlichen Worten noch zu wenig versteht. Das Kind erfährt, dass es sich auf die Rückkehr der Eltern verlassen kann und die Trennungszeit wird langsam in den folgenden Tagen erhöht.

PHASE DER GEMEINSAMEN AUSWERTUNG UND REFLEXION

Abschließend wird die gesamte Eingewöhnungszeit nochmals mit den Eltern reflektiert. Ungeklärte Fragen werden beantwortet. Zwischen Eltern und pädagogischer Fachkraft ist ebenso eine Bindung entstanden, wie zwischen Fachkraft und Kind.

EINGEWÖHNUNG IM ALLGEMEINEN

Beide Modelle werden in den Einrichtungen mehr oder weniger eins zu eins umgesetzt. Oftmals findet sich auch ein *„in Anlehnung an"* eines der Modelle. Aus meiner eigenen Praxis kann ich euch nur empfehlen, auf euer eigenes Bauchgefühl zu hören. Ihr seid diejenigen, die euer Kind am besten kennen. Ihr spürt auch, wie es euch bei einem Trennungsversuch geht. Das wichtigste in der Zusammenarbeit mit den pädagogischen Fachkräften ist es, authentisch und ehrlich zu sein. Ihr dürft also ruhig zugeben, wenn euch die Trennung noch schwerfällt. Es sollte möglich sein, diesen Zeitpunkt gemeinsam zu bestimmen.

Wenn es euch gelingt, euer Kind in der neuen Umgebung intensiv beobachten zu können, findet ihr schnell raus, ob es der Moment der Trennung ist, der eurem Kind schwerfällt oder ob es sich in der neuen Umgebung noch nicht wohlfühlt. Der Abschiedsschmerz ist ein gesundes Zeichen dafür, dass euer Kind eine sichere Bindung zu euch aufgebaut hat. Ihr könnt also davon ausgehen, dass ihr alles richtig macht.

Als Erwachsene wisst ihr, dass Abschiede nie schön sind und ihr könnt eurem Kind damit helfen, diesen Moment so kurz und klar wie nur irgend möglich zu machen. Besonders dann, wenn euer Kind auf dem Arm der pädagogischen Fachkraft zunächst fürchterlich weinen und schimpfen muss, ist es wichtig, eurem Kind zu helfen. Dies geschieht am besten indem ihr euch liebevoll aber bestimmt verabschiedet, eurem Kind verbalisiert: „Mama/Papa kommt wieder!" und dann auch geht. Spielt euer Kind im Beisein von euch gut mit der Fachkraft, so ist dies auch so, wenn ihr den Raum nach dem Verabschieden verlasst.

Kinder, die sich bei ihrer neuen Bezugsperson wohlfühlen, beruhigen sich meist schnell. Würdet ihr den Abschied in die Länge ziehen, so verlängert ihr den Abschiedsschmerz. Bei eurem Kind und auch bei euch. Es ist zunächst sicher ungewohnt, ohne Kind an der Hand oder im Kinderwagen an der Straße vor der Kita zu stehen. Dieses Gefühl ist in Ordnung. Auch ihr dürft und sollt euch an diese neue Situation erst einmal gewöhnen.

Irgendwann wird euch eure Bezugserzieherin sagen, dass euer Kind nun eingewöhnt ist. Damit habt ihr als Familie einen großen Schritt gemeistert. Wichtig ist nun vor allem für euch Eltern, dass ihr auch das Vertrauen in die restlichen pädagogischen Fachkräfte habt.

Es kann nämlich vom Moment der abgeschlossenen Eingewöhnung dazu kommen, dass nicht mehr wie gewohnt eure persönliche Bezugserzieherin da ist, sondern einfach eine Fachkraft, die in der Kita arbeitet. Auch das sind nur völlig normale Abläufe, da in den meisten Einrichtungen in Schichtdiensten gearbeitet wird. Habt den Mut und den Glauben an euer Kind, dass es auch diese Situation meistern wird!

IMPULSE & TIPPS:

- Ihr wart schon lange nicht mehr mit einer Freundin oder einem Freund einen Kaffee trinken? Jetzt ist die Gelegenheit dazu! Ausgiebig zu Sprechen und ein offenes Ohr für eure Gefühlslage hilft bestimmt. Gute Freunde verstehen es auch, wenn dann doch die Kita anruft und ihr schnell losgehen müsst.

- Ihr wart schon lange nicht mehr als Paar unterwegs? Jetzt ein kleines gemeinsames Frühstück oder einen kleinen Waldspaziergang genießen! Eine, wenn auch nur kurze, aber dennoch bewusste Zeit als Paar kann euch nun guttun.

- Euer Kind schaut auf euch! Es spürt, wenn ihr euch nicht trennen möchtet, auch wenn ihr es noch so gut zu verstecken versucht. Eine gelingende Eingewöhnung hängt stark davon ab, wieviel Vertrauen ihr in die Kita und das pädagogische Personal habt. Je sicherer ihr euch fühlt, umso sicherer kann sich auch euer Kind fühlen! Und wenn ihr euch auf eine kurze Paar- Zeit freuen könnt, weiß auch euer Kind, dass ihr glücklich seid!

- Entspannte Eltern = entspannte Kinder: diese Gleichung hilft gegen ein schlechtes Gewissen. Nur wenn ihr auch für euch selbst sorgt, geht es eurem Kind gut.

4. BINDUNG VOR BILDUNG

WIE BINDUNG DAS KIND STÄRKT UND BILDUNG AUTOMATISCH ERFOLGT

Wie funktioniert das eigentlich mit der Bildung und der Bindung? Oder umgekehrt? Ja, umgekehrt! Zunächst einmal entwickelt sich eine Bindung zwischen dem Kind und seiner ihm am vertrautesten Bezugsperson. Von Geburt an, seid ihr dies als Eltern.

Euer Kind lernt euch in den Tagen und Wochen und Monaten nach seiner Geburt immer mehr kennen. Es erhält durch eure liebevolle Fürsorge und Pflege sein Urvertrauen.

Wenn es hungrig ist, dann seid ihr da und sättigt euer Kind. Wenn es müde ist, dann gebt ihr ihm die nötige Ruhe, damit es geborgen schlafen kann. Wenn es sich nicht wohl fühlt, dann seid ihr da und findet gemeinsam mit eurem Kind heraus, wo der Schuh drückt. Ihr streichelt euer Kind, ihr wärmt es, pflegt und umsorgt es, so intensiv, dass es alles bekommt, was es benötigt, um sicher aufzuwachsen.

Dieses Vertrauen und die Sicherheit, die sich hieraus ergeben, stellen eine sichere Bindung zwischen euch Eltern und eurem Kind her. Alles was ihr tut, stärkt das Band zwischen euch und eurem Kind! Nun kommt euer Kind in die Krippe oder Kita und ihr werdet euch fragen, was ist nun mit eurer verlässlichen Bindung, wenn ihr euer Kind nun abgebt?

Kinder sind in der Lage, mit anderen Personen vertraut zu werden. Durch eure verlässliche Rückkehr lernen sie, dass ihr wiederkommt und sie sich weiterhin auf euch verlassen dürfen. Somit ist es von großer Bedeutung, dass sich euer Kind in der Kita bei der Bezugsperson wohl fühlt. Auch eine Bezugserzieherin und alle weiteren pädagogischen Fachkräfte, die regelmäßig um euer Kind herum sind, werden im Laufe der Zeit zu bekannten und vertrauten Personen. Indem diese Personen eurem Kind zuhören, mit ihm spielen und es kennenlernen, kann euer Kind Vertrauen fassen und eine tragfähige Bindung zu den in der Kita arbeitenden Fachkräften aufbauen.

Ist dieser Schritt geschafft, dann wird euer Kind auch in der Kita lernen. Es wird neue Dinge entdecken und neue Spiele spielen. Mit einer sicheren Bindung zur pädagogischen Fachkraft, kann das Kind sein Wissen erweitern und in seinem Tempo lernen.

Besonders am Anfang ist es für Euch Eltern wichtig und interessant zu erfahren, was euer Kind den ganzen Vormittag gemacht hat. Ob es geschlafen hat, viel gegessen oder nur wenig und auch was es gespielt hat, ist für euch bestimmt wichtig. Ich möchte euch an dieser Stelle ermutigen, nachzufragen. Lasst euch den Tag eures Kindes erklären. Es wird vermutlich nicht möglich sein, jedes Detail zu erfahren. Doch besonders in den Anfangswochen hilft eine Frage nach dem Tagesablauf und nach Besonderheiten, zu verstehen, was eurer Kind alles in der Kita leistet.

WIE FUNKTIONIERT BILDUNG – NACH GELUNGENER BINDUNG?

Für euch ist es wichtig zu wissen, dass nicht alle Kinder einer Altersstufe zur selben Zeit dasselbe lernen. Mit der ihm eigenen Persönlichkeit hat jedes Kind seine eigenen Lernfenster. Ihr werdet sie als Eltern erkennen, wenn ihr euer Kind in Ruhe beobachtet. Und dies ist auch die Aufgabe der pädagogischen Fachkräfte. Sie bauen auf ihre Beobachtungen ihre Impulse für die Kinder auf.

So werden Kindern, die beispielsweise das Werkeln mit Papier und Stiften entdeckt haben, Anregungen erhalten, um sich mit diesen Materialien stärker auseinander zu setzen. Bieten die pädagogischen Fachkräfte den Kindern beispielsweise Bewegungslandschaften an, so wird sich jedes Kind mit dem beschäftigen, was es am liebsten macht. Auch können die Kinder in solchen Bereichen neue Bewegungen erproben, bis sie sich sicher damit fühlen.

Bildung und Lernen ist somit kein Produkt, was Kinder mit nach Hause bringen. Es ist vielmehr eine Entwicklung der individuellen Fähig- und Fertigkeiten, sowie der eigenen Persönlichkeit. Es werden neben Wissen auch soziale Kompetenzen gefördert und entwickelt.

In einer gelungenen Bildung entwickeln sich die sozialen und individuellen kognitiven Kompetenzen zur Entstehung einer eigenständigen Persönlichkeit. Dies wertschätzend und entwicklungsfördernd zu begleiten, ist eine der Aufgaben von pädagogischen Fachkräften und Eltern gleichermaßen.

ERZIEHUNGSPARTNERSCHAFT – STABILE BINDUNG ZUR FAMILIE

Um das Kind bestmöglich zu fördern und in seiner Entwicklung zu unterstützen, ist es wichtig, dass Eltern und pädagogisches Fachpersonal zusammenarbeiten. Eure Aufgabe ist zum einen das Vertrauen in die Einrichtung und zum anderen eine Transparenz dessen, was ihr bei eurem Kind beobachtet und wahrnehmt.

Ihr dürft und sollt beispielsweise eurer Bezugserzieherin davon berichten, wenn der Tag nicht gut angefangen oder die Nacht mit vielen Unterbrechungen stattgefunden hat. Je mehr ihr mit der pädagogischen Fachkraft kommuniziert und euch über das Befinden eures Kindes sprecht, umso mehr kann sie auf euch und euer Kind eingehen. Zum besseren Verständnis möchte ich euch ein Beispiel geben:

Die Nacht war unruhig, da euer 14 Monate junges Kind einen neuen Zahn bekommen hat. Ihr habt selbst schlecht geschlafen und euer Kind ebenfalls. Dies führte dazu, dass ihr am Morgen verschlafen habt und euch nun beeilen müsst, um noch rechtzeitig zur Arbeit zu kommen. Wenn ihr nun nichts berichtet, so wundert sich die Erzieherin darüber, warum die Trennung heute Morgen besonders schwerfällt und warum das Kind so unausgeglichen wirkt. Weiß sie jedoch von dem gesamten Ereignis, so kann sie euch beim Abschied bewusster unterstützen.

Sie hat die Möglichkeit, dem Kind einen ruhigen Start in die Kita zu ermöglichen und ihm eventuell nochmals eine extra Schlafenszeit ermöglichen. In Folge dessen kommt euer Kind nun ruhiger durch den Tag, da es nochmals geschlafen hat und ihm am Morgen mehr Aufmerksamkeit gewidmet wurde. Andersrum ist es für euch auch wichtig, über Besonderheiten informiert zu werden. Isst euer Kind beispielsweise nicht viel beim Mittagessen und auch beim Nachmittagssnack und erfahrt ihr dies von der Fachkraft, so könnt ihr schnell darauf eingehen und eurem Kind eine Mahlzeit anbieten, bevor ihr andere Unternehmungen plant. Transparenz und Kommunikation sind zwei Schlüsselwörter für eine gute Zusammenarbeit zwischen den pädagogischen Fachkräften und euch.

IMPULSE & TIPPS:

- Bindung festigen durch gemeinsame Zeit: dafür ist der Spielplatz um die Ecke genauso gut wie das Kinderzimmer, je nachdem wo ihr euch persönlich wohl fühlt?

- Bindung festigen durch zuhören und beobachten: so weißt du, was dein Kind beschäftigt und kannst ihm neue Impulse geben.

- Vertraut in euer Kind und euch selbst: Kinder sind von Natur aus neugierig

5. WAS TUN, WENN ICH MUTTER / ICH VATER NICHT ZUFRIEDEN BIN – WAS TUN BEI KONFLIKTEN?

Manchmal kommt es in der Zusammenarbeit zwischen euch Eltern und den pädagogischen Fachkräften zu Spannungen. Ist etwas nicht so gelaufen, wie ihr es euch vorgestellt habt oder fühlt ihr euch nicht wahr-/ ernstgenommen? Egal woher ein Konflikt oder einfach nur ein ungutes Gefühl kommt, es ist für euch und für euer Kind ebenso wichtig, dies zu klären, wie für die Fachkräfte.

Da wir Menschen verschieden sind, so können auch diverse Situationen ganz unterschiedlich aufgefasst werden. Besonders wenn ihr noch nicht lange in der Einrichtung seid oder es eine neue Fachkraft in der Einrichtung gibt, können schnell mal Missverständnisse entstehen.

Bevor ihr nun direkt zur Leitung marschiert oder noch weiter oben ansetzt und gleich mit eurem Ärger zum Träger lauft, empfiehlt es sich, in Ruhe mit der betroffenen Person zu sprechen. Insgesamt ist es wichtig, gegenseitige Erwartungen an- und auszusprechen. Dies trägt viel zur Vermeidung von Konfliktsituationen bei. Gebt den Beteiligten die Chance, ihre Sicht der Dinge zu erklären und erklärt ihr euch auch. Damit lässt sich mancher Ärger von vornherein vermeiden. Möchtet ihr nun nicht allein auf die Fachkraft zugehen, könnt ihr euch über den Elternbeirat Unterstützung holen.

Zusätzlich ist es ratsam, sich vorab selbst im Klaren darüber zu werden, was ihr wollt und woher euer Ärger oder euer schlechtes Gefühl kommt. Besonders bei ganz jungen Kindern kann es vorkommen, dass ihr euch nicht ausreichend informiert fühlt. Bedenkt dabei bitte, dass die Fachkraft, die am späten Nachmittag noch da ist, alle 10 Familien einer Gruppe gleichermaßen informieren muss. Es ist vom zeitlichen Aufwand einer pädagogischen Fachkraft nicht immer möglich, alle Einzelheiten zu berichten.

Freut euch daher auch an eurem lächelnden Kind. Und ihr könnt sicher sein, dass gravierende Dinge an euch zurückgemeldet werden. Ist der Tag gut gelaufen, ist die Standartaussage: „Alles ok!" auch in Ordnung!

IMPULSE & TIPPS:

- Stellt euch immer zuerst selbst die Frage: Was genau stört mich und warum?

- Bittet um einen Gesprächstermin und sprecht euren Ärger sachlich und ruhig an!

- Wenn ihr alleine nicht weiterkommt: Unterstützung durch Elternsprecher ist normalerweise immer möglich!

6. DO'S & DON'TS

Um für euch und euer Kind besonders nach der Eingewöhnung auch weiterhin eine schöne und stressfreie Zeit in der Kita zu ermöglichen, hier ein paar allgemeine Tipps, die den Besuch einer Kita und die Zusammenarbeit mit den pädagogischen Fachkräften erleichtern:

DO'S

- Gebt euch besonders morgens eher 30 Minuten mehr Zeit, denn unverhofft kommt oft!

- Bereitet so viel ihr könnt am Abend vorher vor, das erleichtert den Morgen ungemein!

- Sprecht viel mit euerm Kind, wenn ihr es morgens für die Kita anzieht - so nehmt ihr euer Kind gut mit!

- Seid pünktlich in der Kita, d.h. habt noch Zeit euch in Ruhe zu verabschieden - Stress macht Kinder und euch nervös!

- Kommt ihr später, dann ruft in der Kita an!

- Gebt so viel Infos wie nötig!

- Sorgt für ausreichend Windeln etc. und später auch für ausreichend Wechselwäsche!

- Haltet euch an die Abholzeiten (sofern es feste Abholzeiten gibt)!

- Seid bei allen Absprachen verlässlich!

- Fragt nach, wenn ihr etwas nicht versteht!

DON'TS

- Unpünktlichkeit verunsichert euer Kind und stört den Tagesablauf am Morgen in der Kita!

- Habt keine zu hohen Erwartungen - Einjährige basteln nicht!

- Meckert nicht mit anderen Eltern über einzelne Fachkräfte, sondern sucht das Gespräch, denn Klärung tut allen gut!

- Seid am Nachmittag auch pünktlich - euer Kind freut sich auf Euch!

- Vergesst nicht, was ihr mitbringen sollt - Windeln, Wechselwäsche...euer Kind mag seine eigenen Sachen lieber!

IMPULSE & TIPPS:

- Seid freundlich, ehrlich und gesprächsfreudig zu den Fachkräften - das führt zur gelingenden Zusammenarbeit

- Habt Verständnis für die Gesamtsituation: ihr habt 1, 2 oder 3 Kinder - die Fachkraft hat deutlich mehr ;-)

7. INFORMATIONEN AN ELTERN – ELTERN-VERANSTALTUNGEN

Ihr werdet euch vielleicht manchmal fragen, wie erfahre ich, wenn es etwas Neues oder etwas besonders Wichtiges gibt? Hierfür nutzen die meisten Einrichtungen Elternbriefe, Eltern-aushänge und Infoveranstaltungen. Geht ihr aufmerksam durch die Kita eures Kindes und schaut in regelmäßigen Abständen auf die Aushänge, so könnt ich normalerweise nichts verpassen.

Solltet ihr einen längeren Zeitraum mal nicht da gewesen sein (Urlaub oder Krankheit), dann fragt einfach nach, ob es in den letzten Wochen etwas Besonderes gegeben hat, das ihr wissen solltet. In der Regel werden 2 bis maximal 4 Elternveranstaltun-gen pro Kita Jahr (also von September bis September) stattfinden.

Bei diesen Elternveranstaltungen werden meist Informationen zur pädagogischen Arbeit, zu Veränderungen im Team oder zu Abläufen im Tagesablauf gegeben. Diese Gelegenheiten solltet ihr nutzen, da ihr hier nicht nur viele Infos bekommt und eure Fragen stellen könnt, die ihr zur Kita habt, sondern ihr lernt auch noch die anderen Eltern kennen. Letzteres ist immer wieder schön, da ihr so soziale Kontakte für euch und euer Kind knüpfen könnt.

IMPULSE & TIPPS:

- Achtet auf die Termine der Kita!

- Beachtet wechselnde Aushänge!

- Fragt nach, wenn ihr etwas nicht bekommen oder verstanden habt!

8. DER KITA TAG – EIN ARBEITSTAG FÜR'S KIND

Für Kinder, die eine Kita besuchen, ist ein Tag ganz schön lang. Mit Zeiten zwischen 6 und 10 Stunden ist ein er äußerst anstrengend für das Kind. Wir können dies gern mit einem Arbeitstag für einen Erwachsenen vergleichen, der Aufgaben erledigen muss, die er nur bedingt selbst steuern und sich aussuchen kann. So kann auch das Kind nur in einem kleinen Rahmen sich selbst verwirklichen.

Das Kind ist hauptsächlich Teil einer Gruppe. Gemeinsames Spiel, gemeinsames Singen und gemeinsame Mahlzeiten sowie einen festen Tagesablauf, der für alle Kinder gleich ist, bestimmen die Rahmenbedingungen für die Kinder. Nachfolgend ein kurzer möglicher Ablauf:

Das Kind kommt morgens an und es verabschiedet sich von Mama oder Papa. (ca. 8 Uhr). Das Kind geht in den Gruppenraum, indem schon andere Kinder spielen und frühstücken. Es muss sich an dem, was es vorfindet, orientieren. Wenn alle Kinder der Gruppe angekommen sind, wird meist der Tag gemeinsam mit einem Morgenkreis begonnen.

Lieder und Singspiele werden gesungen und gespielt (ca. 9:30 Uhr). Nach dem Morgenkreis darf das Kind dort spielen, wo es spielen möchte und mit wem es spielen möchte. Auch pädagogische Impulse/ Aktionen werden meist im Anschluss an den Morgenkreis angeboten.

Hierbei kann es zu harmonischen Spielsituationen und Konfliktsituationen gleichermaßen kommen (ca. 10 Uhr). Es folgt das Mittagessen und bei Krippenkindern ein oder mehrere Wickelsituationen (ca. 12 Uhr oder in der Krippe auch schon ca. 11:30 Uhr).

Jüngere Kinder machen in der Regel einen Mittagsschlaf. Hierbei sollten die Kinder solange schlafen dürfen, wie sie es selbst möchten, d.h. sie sollten NICHT geweckt werden (ca. 12:30 Uhr oder etwas früher)! Nach dem Mittagsschlaf wird den Kindern meist eine Zwischenmahlzeit angeboten (ca. 14:00 Uhr).

Danach können die Kinder wieder spielen bis sie abgeholt werden. (ca. 14:15 Uhr). Je nach Kita werden die Kinder zwischen 15 und 18 Uhr abgeholt. Die Kita schließt zwischen 17 und 18 Uhr.

EIN TAGESABLAUF - DER VORMITTAG - EIN BEISPIEL

UHRZEIT	INHALT
7:30 - 9:30 Uhr	Öffnung der Kita und Bringzeit aller Kinder
	Parallel können die Kinder frühstücken und spielen
9:30 - 10:00 Uhr	Gemeinsamer Morgenkreis in der Gruppe
	Singen, begrüßen, Kinder zählen, besprechen, wer da ist, wer nicht, besprechen, was heute in der Kita passiert
10:00 - 11:45 Uhr	Freispiel und Angebote Kinder dürfen sich ihren Spielbereich wählen und an Angeboten teilnehmen
	Kinder werden während des Tagesgesablaufes bei Bedarf gewickelt
11:45 - 12:00 Uhr	Gemeinsames Aufräumen und Hände waschen, Essensvorbereitungen
12:00 - 12:45 Uhr	Essen in Gruppen

| 12:45 - 13:00 Uhr | Abräumen und Zähneputzen, die Kleinsten gehen zum Mittagsschlaf |

DER NACHMITTAG – EIN BEISPIEL

UHRZEIT	INHALT
13:00 - 14:00 Uhr	Mittagsschlaf und Ruhephase: Kinder können sich ein ruhiges Spiel wählen oder sie machen einen Mittagsschlaf
14:00 - 15:00 Uhr	Kinder dürfen einen Nachmittagssnack zu sich nehmen: Kinder werden wieder wach und essen und trinken eine Kleinigkeit
15:00 - 17:30 Uhr	Freispiel und offene Abholzeit: Kinder dürfen sich ihren Spielbereich wählen, gerne wird zu dieser Zeit auch ein Spiel im Garten (sofern vorhanden) angeboten, Eltern kommen zum Abholen der Kinder, Pädagogen berichten den Eltern vom Tag

Ihr merkt, dass ein Kita-Tag ganz schön lang sein kann. Und wenn ihr nun an euren eigenen Arbeitstag denkt, dann könnt ihr bestimmt gut verstehen, wenn euer Kind müde und hungrig mit euch nach Hause möchte. Ja, es ist normal, wenn Kinder nicht nur müde, sondern auch hungrig sind, wenn sie abgeholt werden. Dies hängt meist an zwei Faktoren: Zum einen ist es so, dass Kinder im Spiel vertieft sind, dass sie völlig vergessen, etwas zu essen oder zu trinken, da es in dem Moment des Spiels unbedeutend ist. Und zum anderen gebt ihr als Eltern den Kindern wieder so viel Sicherheit, dass sie sich dann wieder an ich Hungergefühl erinnern und dies stillen möchten, da sie bei Mama und Papa völlig geborgen sind.

Es ist jedoch selbstverständlich eine Frage der eigenen Persönlichkeit, denn nicht alle Kinder reagieren gleich. Manche Kinder möchten am liebsten ihre Ruhe und ausspannen. Sie kuscheln gern mit Mama und Papa und genießen es, zu Hause in ihrem eigenen Kinderzimmer zu spielen. Andere wiederum haben noch genügend Energie, um das ein oder andere zu erleben und gemeinsam mit euch etwas zu erledigen. Wenn ihr euer Kind gut beobachtet, dann findet ihr schnell heraus, was eurem Kind guttut. Dies kann sich auch im Laufe eines Kita-Jahres immer wieder ändern und sollte daher die gesamte Kita-Zeit über angepasst werden, da die Vorlieben auch je nach Alter des Kindes wechseln.

Bleibe beim Abholen und danach mit deinem Kind in einem guten Dialog. Lass dir erzählen, was das Kind schon alles erlebt hat und was es gespielt hat. Dies zeigt deinem Kind, dass du Interesse an seinem Tag hast. Du darfst deinem Kind auch von deinem Tag erzählen, denn dies hilft auch dem Kind zu verstehen.

IMPULSE & TIPPS:

- Achtet auf die Bedürfnisse eures Kindes: Ist es müde? Hungrig? Kuschelbedürftig?

- Beachtet bei allen Plänen, dass euer Kind zu Hause erst einmal ankommen muss, bevor hier das Programm in Form von gemeinsamen Mahlzeiten und Schlafenszeiten erneut startet.

- Ein gewohnter Rhythmus hilft: je ritualisierter Kinder Abläufe erleben, umso eher verkraften sie Ausnahmen und bleiben insgesamt gelassener.

9. WAS BRAUCHT MEIN KIND IN DER KITA?

Kommt euer Kind neu in die Kita, so werden euch die pädagogischen Fachkräfte eine Liste mitgeben, auf der alles Notwendige notiert ist. Der nachfolgende Überblick stellt beispielhaft dar, was benötigt werden könnte:

0 - 3 JÄHRIGE KINDER

- Schlafsack oder Bettwäsche

- Kuscheltier oder Schmusedecke

- Schnuller bei Bedarf

- Windeln und Feuchttücher

- Wechselwäsche (2 - 3 Garnituren)

- Sonnenmütze/ Sonnencreme

- Im Winter Schal und Mütze

- Wettergerechtes Schuhwerk sobald euer Kind laufen kann!

- Matschhosen

- Je nach Alter des Kindes müssen auch Gläschen von zu Hause mitgebracht werden

3 – 6 JÄHRIGE KINDER

- Kuscheltier oder Schmusetuch bei Bedarf

- Wechselwäsche (2 – 3 Garnituren)

- Sonnenmütze / Sonnencreme

- Im Winter Schal, Mütze, Handschuhe

- Wettergerechtes Schuhwerk

- Matschhosen

In manchen Kitas wird auch ein Becher von zu Hause benötigt, damit die Kinder ihren eigenen Becher wiedererkennen und den ganzen Tag daraus trinken können. Je nach Konzept und geplanten Tagesabläufen oder auch je nach vorhandenen Ressourcen, hat jede Kita individuelle Utensilien aufgelistet, die ihr für euer Kind mitgeben solltet. Wichtig ist, dass ihr nicht mehr als aufgelistet mitgebt. Kitas haben meist nur einen begrenzten Platz für diese Utensilien.

IMPULSE & TIPPS:

- Fragt in eurer Kita nach, was euer Kind wirklich braucht!

- Windel-Feuchttücher & Wechselwäsche sind mit am wichtigsten!

- Achtet auf Kleidung, die auch dreckig werden darf und ans Wetter angepasst ist!

- Hausschuhe nicht vergessen!

- Regen- und Sonnenschutz nach Wetterlage einpacken / anziehen!

10. WAS TUN, WENN MEIN KIND KRANK IST?

Gerade am Anfang, wenn Kinder neu eingewöhnt sind, werden sie des Öfteren mal krank. Vom leichten Schnupfen, über handfeste Erkältungen mit Fieber und Halsschmerzen, bis hin zu Kinderkrankheiten kann euer Kind alles mitnehmen, was es so an Unbequemlichkeiten gibt. Grundsätzlich solltet ihr wissen, dass dies besonders zu Beginn der Kita-Zeit völlig normal ist, wenn Kinder des Öfteren krank werden.

Im Kleinkindalter wird oft davon gesprochen, dass 10 - 11 Infekte pro Jahr völlig normal sind. In Ruhe und ohne Druck gesund werden dürfen ist das Wesentliche! Nur so lässt es sich auch verhindern, eine Kette von Infekten zu bekommen.

Das Immunsystem eures Kindes benötigt zum einen die Infekte, um sich aufzubauen und zum anderen benötigt es auch Zeit, um die Infekte zu verarbeiten. Wird euer Kind krank und ihr könnt es nicht in die Kita bringen, so ist es notwendig, der Einrichtung Bescheid zu geben. Besonders durch die Ansteckungsgefahr bei Kinderkrankheiten wie Scharlach, Windpocken, Röteln, usw. sind Einrichtungen meldepflichtig.

Dies bedeutet, dass die Einrichtungsleitung – ohne Namen – beim Gesundheitsamt angeben muss, wie viele Fälle einer Kinderkrankheit aufgetreten sind. Zusätzlich wird ein Schild ausgehängt, um andere Eltern zu sensibilisieren.

Für euch ist es wieder eine neue Herausforderung nach der sicheren Elternzeit. Jetzt habt ihr mehrere Seiten, die an euch ziehen: euer krankes Kind, euer Arbeitgeber und nicht zu vergessen eure eigenen Ansprüche, die ihr nun an euch habt. Versucht auch hier so gelassen, wie nur möglich zu bleiben. Herauszufinden, was allen Beteiligten zum Gesund werden guttut, ist hier Kern der neuen Herausforderung.

Neben dem Besuch beim Kinderarzt und der benötigten Medizin ist intensives Kuscheln, Vorlesen und viel Schlaf das hilfreichste Mittel. Und auch hier gilt: nur, wenn ihr entspannt bleibt, hat euer Kind einen sicheren Hafen und einen Fels in der Brandung, an den es sich anlehnen kann.

Ihr wisst nicht, wie ihr selbst ruhig bleiben sollt? Bei 39,5 Grad Fieber? Holt euch emotionale Stütze! Bei eurem Kinderarzt, euren Eltern und Freunden. Ein guter Ratgeber ist auch ein Buch, indem Kinderkrankheiten erklärt werden. Zum Beispiel: „Kindersprechstunde - ein medizinisch-pädagogischer Ratgeber" von W. Goebel und M. Glöckler, erschienen im Verlag Urachhaus.

Wichtig ist es noch für euch zu wissen, dass das „Rumgehen" von Krankheiten in Kitas oft daran liegt, dass zum einen Kleinkinder sehr intensiv und nah beieinander spielen und zum anderen, dass viele Kinderkrankheiten schon dann ansteckend sind, wenn das Kind noch super fit ist und noch nicht erkennbar ist, dass eine Krankheit kommen wird.

Auch haben die Kleinsten noch nicht gelernt beim Niesen in die Armbeuge zu niesen oder die Hand vor's Gesicht zu halten und sich die Hände zu waschen, bevor sie weiter spielen. Ein weiterer Grund für die „Dauerschleife" ist die Rekonvaleszenzzeit. Oftmals haben die Kinder zu wenig Zeit, um wieder ganz fit zu werden. Um dies zu vermeiden hilft es, das eigene Kind gut zu beobachten. Bedenkt beim Kita-Besuch immer, dass euer Kind keine gemütliche 1:1 Situation hat, sondern sich in einem Kitaalltag zu Recht finden muss, der euer Kind Kraft kostet.

Zusätzlich könnt ihr die pädagogischen Fachkräfte in der Kita damit unterstützen, dass ihr in der Kita Bescheid sagt, was euer Kind gerade für eine Krankheit hat.

MELDEPFLICHTIGE KRANKHEITEN

Euer Kinderarzt hat bestimmt schon im Säuglingsalter eures Kindes mit euch die gesundheitlich bedenklichsten Kinderkrankheiten angesprochen. Gegen viele Krankheiten kann heute geimpft werden.

Kinderarzt und Kita sind gleichermaßen verpflichtet, beim Gesundheitsamt eine Meldung zu machen, wenn es sich um meldepflichtige Krankheiten handelt. Der Hintergrund der Meldepflicht ist der, dass eine Ausbreitung von bestimmten Krankheiten unbedingt vermieden werden soll.

Auf der Seite des *Bundesministerium der Justiz und Verbraucherschutz* könnt ihr im **Infektionsschutzgesetz §6** nachlesen, um welche Krankheiten es sich handelt.

https://www.gesetze-im-internet.de/ifsg/__6.html

UNTERSTÜTZUNG FÜR FAMILIEN MIT KRANKEN KINDERN

Ist euer Kind erkrankt, egal woran, solltet ihr wissen, dass ihr nach dem § 45 SGB V Krankengeld bei Erkrankung des Kindes, erhaltet. Jeder Elternteil hat einen Anspruch auf 10 Tage, die er für sein krankes Kind bezahlt frei nehmen darf. Alleinerziehende erhalten pro Kind 20 Tage Freistellung. Hierbei muss vom Kinderarzt eine Bescheinigung, ähnlich einer Krankmeldung ausgefüllt und beim Arbeitgeber abgegeben werden. Leider reichen diese Tage nicht immer aus.

Insbesondere dann nicht, wenn zum Schutz vor Verbreitung von Krankheiten und zum Schutz des Kindes, eine 24 - 48 Stunden Regelung der Kita greift, wodurch das Kind nach Abklingen der Symptome noch weitere 1 - 2 Tage zu Hause bleiben soll. Hierfür empfiehlt es sich, ein gutes Netzwerk zu schaffen. Vielleicht unterstützen euch eure eigenen Eltern, also Oma oder Opa. Vielleicht habt ihr auch einen netten „Oma/Opa-Ersatz" in älteren Nachbarn oder Freunden?

Die hier aufgelisteten Websites sind nur eine Auswahl von möglichen Unterstützungseinrichtungen. Je nach Arbeitgeber bietet euch dieser ebenfalls Unterstützung an, indem er mit sozialen Unternehmen kooperiert und sogenannte Sozialdienste anbietet.

Im Notfall könnt ihr z.B. hier Hilfe bekommen:

- www.notfallmamas.de

- www.zu-hause-gesund-werden.de

- www.notmuetterdienst.org

IMPULSE & TIPPS:

- RUHE bewahren und mit dem Kinderarzt alles in Ruhe besprechen!

- Viel kuscheln und eurem Kind nah sein-sofern es dies möchte.

- Zeit für euer Kind investieren, auch wenn das nicht immer leicht zu organisieren ist: der Körper braucht ganz individuell Zeit, um gegen die Krankheitserreger vorzugehen.

- Hausschuhe nicht vergessen!

- Auch an euch denken - genügend essen und trinken und selbst auch mal ausschlafen!

11. GLÜCKLICHES KITA KIND – GLÜCKLICHE ELTERN! LOS GEHT'S!

Kita… Vielleicht erinnert ihr euch noch eure eigenen Kita-Zeit, in der ihr morgens von eurer Mutter oder eurem Vater in die Kita gebracht worden seid. Ihr erinnert euch dabei vielleicht an diverse Momente, die ihr als lustig, spannend oder auch traurig empfunden habt.

Eigene Empfindungen prägen unsere Einstellung zur Kita-Zeit unseres Kindes. Je schöner wir unsere Kita Zeit empfunden haben, umso freudiger können wir auf diese Herausforderung zugehen. Je überzeugter wir davon sind, dass die Kita jetzt für unser Kind gut sein wird, umso freudiger kann das eigene Kind auch in die Kita gehen.

Natürlich ist es nicht leicht, nicht mehr alles zu wissen, was das eigene Kind so den lieben langen Vormittag spielt. Es ist jedoch einfach nur ein ganz normaler Lebensabschnitt für euch alle. Auch ihr als Eltern, seid nun gefordert, eurem Kind zu vertrauen und es loszulassen. Habt den Glauben in euer Kind, dass es diese ersten wohlbehüteten Schritte alleine gehen kann. Ihr werdet für euer Kind immer die Nummer 1 bleiben! Auch wenn euer Kind die pädagogische Fachkraft mag und sich in ihren Arm kuschelt, wenn ihr geht. Nehmt eine solche Geste als Geschenk war. Denn mit dieser Geste zeigt euer Kind, dass es euch zwar vermisst, aber vorläufig klarkommt.

Spätestens wenn ihr euer Kind wieder abholt, merkt ihr es ganz deutlich, wie bedeutend ihr für euer Kind seid! Nehmt euch bewusst Zeit beim Abholen. Hört eurem Kind zu, denn je älter es wird, umso eher wird es euch übersprudelnd davon erzählen, was es alles Wundervolles erlebt hat. Es ist ein Geschenk, wenn euch euer Kind anstrahlt beim Abholen. Dabei spielt es keine Rolle, was es nun genau „gelernt" hat.

Kinder lernen fast nebenbei, wenn sie sich wohl fühlen. Im gemeinsamen Spiel stärken sie ihre Sozialkompetenz, beim Tischdecken üben sie das Zählen. Malen sie ein Bild, so lernen sie die Farben und wenn sie anfangen zu erzählen und aufmerksame Zuhörer haben, so lernen sie zu sprechen. Je positiver die Erfahrungen sind, die ein Kind in der Kita erleben und davon berichten darf, um so glücklicher kann es spielen und umso mehr nimmt es von seiner Umwelt auf. Euer Kind freut sich, mit euch sein Glück teilen zu dürfen! In diesem Sinne allen eine glückliche Kita-Zeit! Viel Freude beim Entdecken der Welt!

IMPULSE & TIPPS:

- Liebe und Vertrauen stärken eure Bindung und euer Familiengefüge!

- Nehmt euch freie Zeit ohne diese gleich wieder zu verplanen!

- Hört eurem Kind zu und freut euch mit ihm über seine Erfolge.

- Freut euch, wenn euer Kind glücklich ist. Denn Glück ist das Einzige, was sich verdoppelt, wenn wir es teilen!

QUELLENANGABEN

- Braukhane, K & Knobeloch, J. (2011): „Das Berliner Einge-
  wöhnungs-modell - Theoretische Grundlagen und praktische
  Umsetzung", verfügbar unter http://www.kita-fachtexte.de,
  Stand 24.04.2019

- Knauf, T. (2005) „Reggio-Pädagogik: kind- und bildungsorien-
  tiert" verfügbar unter https://kindergartenpaedago-
  gik.de/fachartikel/paedagogische-ansaetze/moderne-paeda-
  gogische-ansaetze/1138, Stand 03.04.2019

- Goebel, M. Glöckler, (2008): „Kindersprechstunde, ein medizinisch-pädagogischer Ratgeber", 17. Auflage, erschienen im
  Verlag Urachhaus, Freiburg

- Montessori, Maria: „Kinder sind anders", erschienen im Verlag Klett-Cotta, deutsche Ausgabe 1952/2009 by J.G.
  Cotta´sche Buchhandlung, Übersetzung der Originalausgabe
  von 1950: Il segreto dell infanzia bei Garzanti, Mailand

- Ministerium für Kultus, Jugend und Sport Baden-Württem-
  berg: „Orientierungsplan für Kindertageseinrichtungen"

- Pikler, Emmi (1982): „Friedliche Babys - zufriedenen Mütter",
  Freiburg

- Winner, A. (03.2015): Das Münchner Eingewöhnungsmodell -
  Theorie und Praxis der Gestaltung des Übergangs von der Familie in die Kindertagesstätte, verfügbar unter
  http://www.kita-fachtexte.de, Stand 24.04.2019

Wir empfehlen weitere Handbücher von ElternLeben.de zu den Themen EINSCHULUNG, GESCHWISTER und LIEBEVOLL GRENZEN SETZEN

Einschulung - HANDBUCH
Das Einschul-ABC für einen guten Schulstart

Euer Kind soll in einer Krippe oder in einem Kindergarten betreut werden? Mit dieser Entscheidung beginnt ein neuer Familienabschnitt. Mütter und Väter haben viele Fragen zu diesem neuen Lebensabschnitt: Wie finde ich die passende Kita? Wie funktioniert die Eingewöhnung? Für welches pädagogische Konzept soll ich mich entscheiden? Was braucht mein Kind in der Kita? Der Eintritt in die Kita-Zeit soll Eltern und Kindern gut gelingen.

Erhältlich bei www.tredition.de / www.elternleben.de oder im Handel / ISBN 000-0-000-0000-0 / Seitenanzahl: 68

Neue Handbücher erscheinen demnächst im Programm von ElternLeben.de zu den Themen:
GESCHWISTER und
LIEBEVOLL GRENZEN SETZEN